AF232230

ANNIVERSAIRE

DES

RÉVOLUTIONS

de 1848,

CÉLÉBRÉ A GENÈVE

Le 24 février 1861.

PRIX : 25 CENTIMES.

LONDRES

IMPRIMERIE UNIVERSELLE

1861.

TREIZIÈME ANNIVERSAIRE

DES

RÉVOLUTIONS DE 1848

CÉLÉBRÉ A GENÈVE

Le 24 Février 1861.

Le 24 février 1861, plus de quatre cents citoyens de différents pays se sont réunis pour célébrer, dans un banquet fraternel et international, le treizième anniversaire des Révolutions de 1848. La grande salle de l'*Hôtel de la Navigation*, aux Pâquis, à Genève, où a eu lieu le banquet, était décorée avec art et avec goût, pour cette manifestation populaire ; le drapeau constellé de la République américaine, surmonté d'un tableau représentant la Liberté, s'élevait au-dessus de la tribune, d'un côté flottait le drapeau rouge de la République universelle. surmonté du bonnet phrygien ; de l'autre le drapeau fédéral de la République helvétique. Les drapeaux si variés des vingt-deux Cantons républicains de la Confédération suisse ornaient le contour de la salle et étaient le symbole de la fédération républicaine des peuples et de la décentralisation, qui seules peuvent assurer le règne de la Liberté. Au-dessous d'un immense *Vive la République universelle, démocratique et sociale !* des dates *22 Septembre 1792 — 24 Février 1848* et de l'immortelle devise : *Liberté, Egalité, Fraternité,* on lisait : *Abolition de l'esclavage, du servage et du prolétariat.*

Des inscriptions nombreuses, dues au pinceau du citoyen Vauthey, rappelaient les dates les plus importantes des triomphes populaires de 1848, en Suisse, en France, en Italie, en Allemagne, en Prusse en Autriche, en Hongrie, etc., etc... et les proclamations des Républiques française, romaine. et vénitienne.

Les portraits des grands hommes de la Révolution et des martyrs de la Liberté décoraient et ornaient la tribune et la salle.

A une heure après midi, le citoyen DOIN, de Châlon-sur-Saône, a ouvert le banquet en ces termes :

Citoyens,

J'ouvre le banquet fraternel du treizième anniversaire des Révolutions de 1848, au nom de la République universelle démocratique et sociale ; j'ai l'espoir que c'est le dernier que nous célébrons sur la terre hospitalière et libre de la Suisse ; j'en ai plus que l'espoir, j'en ai la certitude, car les germes puissants et féconds, semés depuis tant de siècles par les penseurs, les apôtres et les martyrs de la Liberté, sont sur le point d'éclore et porteront bientôt leurs fruits. Espérons, citoyens, que nous verrons bientôt le grand jour si ardemment désiré, où la République universelle triomphante, émancipant tous les peuples, brisera leurs chaînes, renversera tous les despotismes, toutes les tyrannies, abolira à jamais l'esclavage, le servage et le prolétariat, cette triple exploitation de l'homme par l'homme, et formera de l'humanité entière une grande famille de frères, où les travailleurs, libres et associés, marcheront à l'avenir à la conquête pacifique du bien-être et du bonheur universels, et inaugureront à jamais le règne de la justice et du droit, en faisant disparaître pour toujours les derniers vestiges des autels et des trônes abhorrés.

C'est dans cette conviction profonde et dans cet espoir que je porte un toast à l'*alliance fraternelle de tous les peuples !*
Vive à jamais la République universelle, démocratique et sociale !

Le citoyen Elie DUCOMMUN, de Genève, a ensuite porté un toast aux Etats-Unis de l'Amérique du nord et à l'abolition de l'esclavage !

Citoyens,

Dans une réunion aussi solennelle que celle d'aujourd'hui, on ne saurait mieux l'inaugurer qu'en portant un toast au pays où la Liberté a donné les plus heureux résultats, au pays où l'émancipation du citoyen a atteint les plus grandes limites, à l'Amérique, aux Etats-Unis, particulièrement, dont le drapeau nous vient de l'autre côté de l'Océan, comme un gage d'alliance, je dirai plus, comme un gage de solidarité entre la Liberté de l'ancien monde et celle du nouveau.

Ce drapeau, que vous a confié le consul des Etats-Unis, est ici le bien venu. Il était naturel, il était de toute justice, il était indispensable qu'il tint sa place dans la fête qui nous rassemble, dans cette manifestation des démocrates de tous les pays, en faveur de la Révolution et de la Liberté.

Ce drapeau, disons-le tout de suite, n'est pas celui des provinces séparées des Etats-Unis, c'est celui que portait John Brown dans la lutte qu'il a engagée sur le sol américain, pour l'abolition de l'esclavage, c'est celui que sur le piedestal de son suppllice. il montrait comme un phare de liberté, c'est celui dont les Etats esclavagistes redoutent l'influence, qu'ils auraient voulu détruire, qu'ils ont brûlé à Charlestown, dans une rage insensée, croyant par là éloigner tout espoir d'émancipation et de liberté ; c'est celui sous lequel nous sommes prêts à combattre pour la même cause qui a vu expirer Brown et ses valeureux compagnons.

Je le constate avec bonheur, ce drapeau glorieux est pour l'Amérique ce qu'est le drapeau rouge pour l'Europe, c'est celui que tiennent d'une main ferme les Etats abolitionistes, les Etats qui, conséquents avec eux-mêmes, veulent la liberté sur l'ancien et sur le nouveau continent, sans que parmi les hommes, de quelle couleur qu'ils soient, les uns puissent s'arroger le droit ou la puissance d'en user pour eux seuls ou d'en faire profiter une race aux dépens d'une autre.

Ce drapeau, citoyens, c'est celui de Washington et de Franklin, c'est celui qui chassa du sol américain la royale puissance d'angleterre; c'est celui qui, sans peur et sans ménagements, délivre ceux de ses nationaux que croit saisir le despotisme européen ; c'est celui dont l'apparition sur le monde a provoqué des révolutions titanesques. A peine arboré sur le sol américain, à peine dressé de l'autre côté de l'Océan, 89 éclatte et 93 pulvérise trônes et rois. L'ère de la Liberté, la proclamation des droits du citoyen, les tendances à l'émancipation individuelle datent du moment de cette apparition. Avant ce moment, les principes de la révolution, les données novatrices restent dans l'ombre ; ils ne se dégagent de l'incertain, ils ne tendent à s'appliquer, ils ne triomphent qu'après la fondation de l'Union américaine. Citoyens, ce drapeau a eu l'honneur d'être repoussé par la Confédération du Sud parce qu'il n'abrite pas sous ses plis l'esclavage. Nous pouvons le regarder le front haut parce qu'il nous rappelle la plus grande décentralisation gouvernementale, la plus grande liberté individuelle.

Je porte donc un toast à la liberté des deux mondes, à l'abolition de l'esclavage, toast de sympathie pour nos amis de l'Amérique du Nord, toast de confiance dans les sentiments généreux qui les animent, toast d'espérance dans un avenir meilleur, pour eux comme pour nous.

Le citoyen LOMBARD-MARTIN est ensuite monté à la tribune et a prononcé le discours suivant :

Citoyens,

C'est au nom de la Liberté que je demande à vous adresser quelques paroles sur 1848 ; au nom de la Liberté, qui permet à la minorité d'exprimer ses convictions et son espoir devant une majorité diamétralement contraire.

Dans cette circonstance, je crois faire partie de la minorité, je souhaite le contraire ; je souhaite que nous partagions tous les mêmes vues, mais je ne le présume pas.

Je me demande, citoyens, si nous sommes réunis pour célébrer 1848 ? pour fêter les événements qui se sont accomplis à cette époque ? pour honorer les mérites des hommes qui occupèrent alors le pouvoir ?

À cette triple question, la minorité dans laquelle je me trouve répond : Non, non, non ! Elle honore, elle célèbre, elle fête seulement l'aspiration, l'aspiration seule qui s'est manifestée à cette époque en faveur de la Révolution et de la Liberté.

Elle ne célèbre pas la date de 1848 sans restriction, parce que cette année n'est qu'une suite de désastres pour la démocratie ; elle ne fête pas les événements qui ont eu lieu alors, parce qu'ils ne sont qu'une suite de défaites pour les libéraux ; elle n'honore pas les hommes qui montèrent alors au pouvoir, parce que, sauf quelques rares exceptions, ils ne furent que des dupes ou des complices du gouvernement, de lâches ou de féroces ennemis pour la Liberté.

Tels furent les hommes de 1848.

En 48, dans toutes les parties de l'Europe où les tendances novatrices, où les besoins d'une révolution se montrèrent, que s'est-il passé? En Italie, en Hongrie, en Allemagne, des flots de sang ont été versés par le peuple sous le couteau des rois ; si nous portons les yeux sur la France, que nous rappelle particulièrement le 24 février? C'est bien pis encore.

Dès le 24 février, nous voyons un châtelain qui mendiera plus tard « les chenets de ses pères, » nous voyons un Lamartine nous voler le drapeau de la Révolution et y substituer celui de la monarchie ; nous voyons Garnier-Pagès mettre l'impôt des 45 centimes ; nous voyons en juin les vainqueurs de février mitraillés et transportés par Cavaignac, et, honte ineffaçable pour la France, nous voyons la République française s'armer en guerre pour aller assassiner la République de Rome !

Est-il besoin d'un fait plus convaincant? Je ne le crois pas. Je me borne à dire que, sous le poids de son crime, la République française de 1848 vient, de faux pas en faux pas, tomber avachie aux pieds de Bonaparte, qui ne lui fait pas même grâce en la voyant lui lécher les pieds.

Dès 48, du reste, les trônes ébranlés se consolident, les monarques reprennent avec assurance leur sceptre; et tellement est grande leur victoire, tellement est formidable la défaite du peuple, qu'après 12 ans la terreur bonapartiste, loin de diminuer, progresse encore ; qu'après avoir empoisonné et gangrené la France, elle se répand dans l'Europe dont elle veut transformer les villes en préfectures françaises.

C'est là une conséquence de 1848, autrement dit, citoyens, l'année 1848 n'a pas vu s'accomplir de révolution. La Révolution, telle qu'il la faut au peuple, telle que nous devons l'obtenir, fût-ce au prix de tout notre sang et de celui de bien d'autres, n'accepte pas de demi-mesures ; c'est celle qui dès le premier jour saisit d'une main assurée le despotisme à la gorge, le terrasse, et sans pitié lui arrache la vie; c'est celle qui renverse tous les obstacles, toutes les lois élevées par l'autorité; c'est celle qui ne se laisse pas réduire à l'impuissance, qui ne se laisse pas entourer de barrières, qui ne permet pas aux pouvoirs, quels qu'ils soient de longer son cours par des digues qui mènent son flot à l'oubli, sans qu'il puisse accomplir son œuvre de destruction.

La révolution que 48 n'a pas su provoquer, c'est celle qui, armée d'une massue terrible et inexorable, frappe sur les préjugés et sur ceux qui les répandent; c'est celle qui allume une torche dans le double but d'éclairer les esclaves et de brûler les tyrans. 48 n'eût été une révolution qu'à la condition de briser le triple faisceau du prêtre,

du soldat et du légiste, faisceau sur lequel s'arcboute l'échafaudage de
la centralisation gouvernementale.

Cet échafaudage de l'autorité, cette centralisation du pouvoir, doivent tomber ; 48 les a laissés debout, il a éloigné d'eux le marteau de
la Révolution, il les a respectés et il a forcé le peuple de les épargner.

Vienne donc la Révolution ; jusqu'à présent elle n'a pas eu lieu et je
m'inscris en faux contre les amis de la Liberté qui, dupes ou complices, et en tout cas gouvernementaux, par bêtise ou par scélératesse,
parlent de révolution accomplie et nous jettent le soporifique de ces
mots : Vivent les Révolutions de 1848!

Où sont-elles? Je les cherche en vain. Dans tous les pays où leur
besoin s'est manifesté, elles ont passé comme un léger souffle qui ne
laisse pas de trace. Je demande quelle est leur œuvre en Hongrie, en
Italie, en Allemagne, en France, partout où on dit qu'elles ont eu lieu,
et je vois des tombes de démocrates, je vois des fusillades opérées par
les valets de l'autorité, des potences dressées par toutes les monarchies,
des transportations, et en définitive l'aristocratie et la royauté triomphantes. Voilà 48 ! Et vous voudriez que je le fête. Non, Citoyens, je
fête seulement l'aspiration révolutionnaire qui s'est manifestée à cette
date sans se réaliser. Quant à l'insuccès qui a suivi 48, il a retardé
pour longtemps la Révolution ; il a sanctionné la valeur des hommes,
quels qu'ils soient, que vous pourrez mettre au pouvoir ; cette année
fatale a montré combien est grande l'ineptie des masses tant qu'elles
ne seront pas complétement émancipées ; 48, qui avait devant lui un
brillant avenir, s'est stupidement enferré dans les baïonnettes de Cavaignac et a poussé la Liberté sous les balles de Décembre ; il n'est
pas excusable de ce résultat, la faute en est à lui; loin de l'en plaindre,
il faut l'en mépriser. 48 avait toute puissance à son lever ; pour s'assurer le triomphe, il n'avait qu'à frapper de dissolution l'autorité, à débarrasser de tout lien, de toute loi le peuple, et par là il émancipait
chaque individu. La tâche était facile : il n'avait qu'à proclamer la décentralisation, la décentralisation la plus grande, la plus absolue, non
pas celle qui s'arrête à la province, au département, au canton, mais
encore celle qui pénètre au sein de la commune ; celle qui débarrasse
le citoyen de toute autorité ; celle qui réalise la déchéance du magistrat, du prêtre et du soldat.

Au lieu d'accomplir cette tâche, 48 a reconstitué le gouvernement ;
il n'a fait que changer Louis-Philippe pour Lamartine, Lamartine pour
Cavaignac, Cavaignac pour Bonaparte ; il a mis en mouvement tous les
rouages administratifs, comme sous l'ancien règne ; il a replâtré tout

l'édifice de la centralisation. Il a laissé debout la magistrature, adula-trice et complice de tout pouvoir ; le clergé, ce grand empoisonneur des peuples ; l'armée, assassin de la Liberté. Et sur ces trois infamies, il a cru baser sa longévité. Stupide 48. Il a ouvert la voie à l'empire, il lui a aplani le chemin, il a réchauffé, comme une vipère sur son sein, le neveu de l'oncle, près de passer de vie à trépas.

C'est grâce à 48 que le coup d'Etat à réussi.

Aujourd'hui nous voyons la conséquence de cette année fatale ; que dis-je ? aujourd'hui il y a douze ans, Citoyens, et malgré cette longue et douloureuse expérience, il y a encore parmi nous des dupes ou des complices qui crient : « Vive 48 ! »

Je ne fais aucune allusion aux souffrances que le peuple a endurées dans la transportation ou dans l'exil ; je m'empêche de parler de l'é-migration pour rire de notre bourgeoisie, vivant sur la terre d'exil avec le pain blanc, le confort, la tranquillité et l'eau de roses de la richesse. Ces proscrits de la haute me font hausser les épaules lors-qu'ils parlent de leur dévouement et de leurs mérites ; ils me font chercher le fusil de l'insurrection lorsqu'ils témoignent de la volonté de recommencer leur règne de 1848.

Je laisse ces petitesses de nos ennemis intimes, plus redoutables que les tyrannies de franc aloi ; je passe en regardant de front les corosi-ves douleurs et les innombrables privations du peuple ; je tire le voile sur ces premières conséquences de 48, et j'arrive aux dernières.

Ah ! les dernières, Citoyens, elles sont aussi convaincantes que les premières, mais elles sont plus palpables :

Le coup d'Etat conçu dès 1848, est mis au monde en décembre 51. L'empire est fait, il triomphe, et non content de triompher dans les limites de la bonne France, il veut encore établir son règne ailleurs ; il vise au coup d'Etat européen ; il veut agrandir ses frontières et il in-vente l'annexion. Le petit-fils est digne du père et du grand-père. 48 fit l'empire, l'empire fait l'annexion, l'annexion, honte de la France qui, à la fin du dix-neuvième siècle, ravale les peuples à l'état de trou-peau, que les rois et les empereurs triomphants peuvent se trans-mettre comme des bouchers se transmettent un veau. Mais le veau va grandir ; sous peu il sera taureau : gare alors à sa rage ! Il est vrai que dans cette prévision, le clergé, l'armée et les magistrats civils sont à l'œuvre pour changer sa nature. Réussiront-ils ? Oui, si la Révolution n'est pas mieux comprise qu'en 48. Espérons le contraire et réunis-sons nos efforts pour l'obtenir. Cette résolution, Citoyens, nous l'a-vons tous ; et si le flot envahisseur de l'annexion veut souiller la terre de liberté où nous vivons loin de l'atmosphère des esclaves ; si les séides de l'annexion, prêtres et agents, veulent faire leur œuvre liberticide, en quelque endroit que ce soit, nous qui ne reconnaissons pas de frontières naturelles, nous qui sommes citoyens du monde, courons sur les fauteurs d'annexion comme sur des loups, écrasons-les comme on écrase des scorpions.

C'est là ce que 48 aurait dû prévenir ; au contraire il a laissé en paix loups et scorpions ; ils se sont accouplés, leur rapprochement a produit, et aujourd'hui plus qu'alors nous sommes entourés de ces êtres immondes ; c'est autant de monstres de plus à rejeter dans le néant. Notre œuvre est donc plus grande sinon plus difficile qu'en 48 ; mais peu importe, nous avons du courage et des bras forts.

Ceci dit, que les mouchards de Bonaparte qui ont pu se glisser dans cette nombreuse réunion (il y en a et nous les connaissons) ; que les agents annexionistes ici présents écoutent et prennent des notes ; qu'ils adressent leur rapport à leur maître, aussi vil qu'ils sont méprisables : ils ne sauront jamais lui exprimer toute la haine que nous avons et pour lui et pour eux.

Citoyens, je me résume : Dans ce banquet, quelques-uns d'entre vous boivent peut-être, sans restriction, à la coupe de 1848 ; la minorité dans laquelle je me trouve repousse cette coupe et même elle la brise, parce que 48 n'a pas accompli de révolution. Elle fête seulement l'aspiration que rappelle cette date ; son cri d'espoir n'est pas vive 48 ; mais vive la Révolution, la Révolution complète, la Révolution puissante et intelligente ; celle qui proclamera la décentralisation la plus absolue ; celle qui exterminera la magistrature, le clergé et l'armée et qui, pour obtenir ces résultats indispensables à l'émancipation individuelle saura renouveler, si besoin, les journées de Septembre.

Le citoyen CHOMAR, qui a fait la campagne de Naples avec Garibaldi est monté à la tribune en costume de volontaire, et a porté un toast à l'émancipation universelle de tous les peuples.

Citoyens, frères, proscrits, a-t-il dit, réjouissez-vous, l'heure de la délivrance universelle va bientôt sonner. Sous peu nous verrons se réaliser nos plus chères espérances, l'avenir est à nous ; voyez !... les trônes chancellent et croulent de toute part, les rois et les empereurs demandent merci ; après s'être parjurés publiquement, après avoir opprimé les peuples, torturé les citoyens, mis à mort les plus courageux défenseurs de l'humanité, plongé toute l'Europe dans le despotisme, le deuil, les larmes et le sang, ils accordent de nouveau des constitutions, promettent des libertés, donnent des amnisties ; protestent de leur amour pour leurs peuples, de leur loyauté, de leur sincérité ; jurent de respecter les institutions libérales qu'ils octroient, sauf à violer plus tard leurs serments ; mais il est trop tard ! le sang des martyrs crie vengeance ! Les peuples depuis si longtemps trompés seront inexorables. La Liberté mise aux fers, égorgée par les despotes, brisera bientôt son cercueil ; elle surgira de son tombeau, et victorieuse elle n'épargnera aucun tyran !

Ne sentez-vous pas d'un pôle à l'autre, la terre qui tremble sous vos pas ? n'entendez-vous pas le sourd grondement, précurseur des tempêtes, ne respirez-vous pas la brulante atmosphère des révolutions ?

C'est la grande commotion sociale qui se prépare, qui s'approche ? Elle va renverser tous les tyrans, broyer les trônes et les autels, il y a trop longtemps que dure le règne du mal, à bientôt celui de la justice !

Arrière les ténèbres, place au soleil !

Citoyens ; en traversant l'Italie, cette belle patrie de Galillée, de Christophe Colomb, de Mazzini, de Garibaldi ; cette terre sacrée des grands hommes, des poëtes, des génies, des héros et des martyrs, où à côté des ombres de Virgile, de Cincinnatus, de Brutus, on voit errer celles du Dante, du Tasse, de Michel-Ange, de Raphaël, de Pisacane, d'Orsini, de Pieri et de Milano, j'ai rencontré partout, à Gênes, à Milan, à Florence, à Naples, etc., des cœurs généreux, des frères, des amis de la liberté et de l'humanité, des dévoués, des sincères républicains ; tous m'ont promis de continuer à combattre pour la grande cause de la justice et du droit, et de ne déposer les armes qu'après avoir accompli leur tâche. Garibaldi, leur héroïque général, les conduira à de nouveaux combats, à de nouvelles victoires contre les tyrans. Et quand l'heure propice aura sonné, quand de Varsovie à Messine, de Constantinople à Turin, les peuples seront en révolution, il faudra bien que le reste de l'Europe imite leur exemple, suive le mouvement, que l'Allemagne chasse les tyrans qui l'oppriment. La France alors sentira la rougeur de la honte lui monter au front d'être encore courbée sous le joug du plus infâme des despotes ; elle se relèvera indignée, et chassera le traître, le parjure qui la déshonore depuis douze ans. Alors citoyens, tous les peuples libres proclameront la République universelle, démocratique et sociale.

Et la tâche des volontaires de la liberté sera accomplie.

Le citoyen PAILLET a porté un toast au bien-être universel et à la solidarité, et s'est exprimé en ces termes :

Citoyens,

Il faut que la liberté fasse le tour du globe, mais elle ne peut le faire sans la fraternité, l'égalité et la solidarité.

Le bien-être universel, but de la société, ne peut s'accomplir qu'à l'aide de ces grands principes.

Il faut absolument que la grande loi d'harmonie qui régit l'Univers, unisse aussi les peuples et les hommes entre eux.

Tant que les hommes ne seront pas égaux en droit et en fait, ils ne seront pas libres, les plus forts opprimeront toujours les plus faibles.

Tant que les hommes ne seront ni libres ni égaux, ils ne pourront pas être frères; les esclaves, les serfs, les prolétaires, ne seront jamais les frères des oppresseurs et des exploiteurs; l'esclavage et l'inégalité sociale sont opposés au sentiment de la fraternité, ils engendrent la haine et la guerre.

Et tant que tous les membres de la grande famille humaine ne seront pas solidaires, ils ne seront ni libres, ni égaux, ni frères, et leurs intérêts étant différents et opposés, la rivalité et l'égoïsme engendreront toujours le despotisme, l'exploitation, les priviléges, les oppressions et les guerres.

Il faut, par la loi de solidarité, que l'intérêt de chacun soit l'intérêt de tous, et réciproquement que l'intérêt général soit l'intérêt particulier, sans cela pas d'harmonie possible, pas de bien-être, pas de bonheur, mais guerre, ignorance et misère.

La grande loi de la solidarité universelle, je le répète, peut seule sauver l'humanité,

Mais avec elle tout se transforme, tout se simplifie ; les fléaux qui affligent et désolent le monde : l'esclavage, la tyrannie, la misère, l'ignorance disparaissent, s'évanouissent comme des songes lugubres. Le bien-être, le bonheur universel les remplacent.

Quand tous les hommes seront solidaires, ils n'auront qu'un intérêt unique, l'intérêt de tous.

Il s'opèrera alors sur notre globe des miracles d'affranchissement et de bien-être. Ce ne sera pas pour quelques-uns, pour quelques privilégiés que se feront toutes les découvertes de l'industrie, des arts et des sciences ; mais dans l'intérêt de TOUS, sans en excepter un seul. La production sera décuplée, les machines qui, dans notre siècle d'antagonisme, de concurrence, d'exploitation et de lutte sont souvent, pour les malheureux ouvriers, une cause momentannée de chômage, de misère et de ruine, deviendront au contraire, dans une société solidaire, les plus puissants agents de prospérité et de bonheur.

L'homme, qui n'est pas fait pour les travaux pénibles ou rebutants, sera, grâce à la machine, ramené à son véritable rôle, celui d'inventeur, de directeur, de surveillant, la machine avec ses immenses bras de fer, ses dents de fonte, ses gueules de feu, travaillera sans relâche sous l'œil intelligent de l'homme, pour lui confectionner avec prodigalité et perfection tous les produits nécessaires à son bien-être. On ne verra plus alors comme aujourd'hui, l'ouvrier exténué par le travail, courbé sous le labeur, rompu par la fatigue, perdre peu à peu ses facultés intellectuelles, s'incliner vers la terre, se rapprocher de la brute, Non ! l'homme affranchi du joug du travail forcé, aura vaincu la matière, et grâce à la machine, aux produits abondants qu'elle créra pour lui, il ne sera plus un esclave, un vil manœuvre, mais une pensée, une direction, un être complet, intelligent, un génie ; il deviendra le souverain de la nature qu'il aura vaincue en lui dérobant ses secrets.

Le vieux prométhée sera détaché de son rocher, le vautour travail ne lui déchirera plus les flancs.

Comprenez-vous, avec les forces immenses de la machine, de la vapeur, de l'électricité, qui fonctionneront éternellement, sans jamais se lasser et s'épuiser, qu'elle source immense de bonheur est réservée à l'humanité, qu'elle prodigalité de bien-être lui sera donnée ? La machine, guidée par l'homme qu'elle transportera partout, sur tous les points du globe avec la rapidité de l'éclair ; fouillera les entrailles de la terre pour lui arracher ses trésors, ravira à l'Océan les immenses quantités d'aliments qu'il cache sous ses vagues ; les poissons, les coquillages, si nombreux et si utiles qui, jusqu'à ce jour ont été presque tous perdus pour l'humanité. Les mers, qui occupent les deux tiers de notre globe, qui n'ont été jusqu'à présent que des moyens de transport, doivent surtout devenir des mines d'alimentation. La machine servira à défricher, niveler, assainir, dessécher, irriguer, aplanir, labourer, ensemencer le globe, dont elle fera un immense jardin, un paradis terrestre, où pas un fruit ne sera défendu ; elle recueillera, transportera, préparera, améliorera, transformera tous les produits ; abolira la misère, chassera la faim, donnera à l'homme tout en abondance, lui laissera en outre les loisirs dont il a besoin pour cultiver son intelligence, se reposer, développer son corps, agrandir sa sphère, dérober les secrets à la nature, etc., etc..... Elle créra ainsi le bien-être et le bonheur universels.

Mais pour cela il faut que l'humanité soit délivrée du bagne, de l'exploitation et de la concurrence ; il faut que la grande loi de la solidarité universelle soit proclamée et appliquée.

Le citoyen VESINIER est ensuite monté à la tribune, et a pris la parole en ces termes :

Citoyens,

Je porte un toast à *la Liberté de tous les peuples, par la République universelle démocratique et sociale.*

Aujourd'hui, Citoyens, que le plus odieux, le plus infâme des despotes, non content d'avoir détruit la République romaine en 1849 et la République française en 1851 ; d'avoir rétabli à Rome le pouvoir détesté des prêtres, et plongé la France dans la honte et la décadence du bas-empire ; ose encore, après tous ces crimes, tous ces forfaits, méditer de courber l'Europe toute entière sous sa tyrannie ; de détruire les derniers vestiges de liberté qui lui restent ; en abusant les peuples, en les trompant et en les appelant aux armes, pour l'aider à accomplir ses perfides projets ; sous le spécieux prétexte d'indépendance, de nationalité ; en se disant astucieusement le représentant des grands principes de 1789, qu'il a détruits et violés ; en se donnant aux peuples qu'il trompe pour l'exécuteur testamentaire de la grande Révolution française ; le continuateur de son œuvre ; le réparateur de ses fautes ; en un mot : comme l'homme providentiel chargé par le destin d'accomplir la régénération universelle. Il est utile, il est indispensable ; que dis-je ? c'est un devoir sacré pour les républicains, pour les apôtres du progrès, de la liberté, de la justice et du droit, d'arracher le masque à ce fourbe. De dire ce qu'il est, ce qu'il veut, et à quels malheurs effroyables il conduit la France et toute l'Europe.

Ce qu'il est ? — Tout le monde le sait : Chacun connaît *le parjure, le traître,* qui s'est publiquement et officiellement déshonoré aux yeux du monde entier ; en trahissant tous ses serments ; en violant toutes les lois, et tous les principes d'éternelle justice que respecte et qu'honore la conscience universelle ; en foulant aux pieds tout ce que les hommes vénèrent, en quoi ils mettent foi et amour. Cet homme s'est chargé de tous les crimes, de toutes les infamies ; il a profité du prestige fatal de son nom, de l'engouement et des suffrages d'un grand peuple pour lui ravir sa liberté, l'enchaîner, l'atteler au char de sa fortune scandaleuse ; le traîner dans la boue, la honte et le déshonneur !

Ce qu'il veut aujourd'hui, c'est tromper et asservir l'Europe, comme il a trompé et enchaîné la France. Il s'adresse aux peuples opprimés, il leur dit : Je suis le continuateur de la Révolution, le Messie des peuples esclaves ; levez-vous, je vous apporte la liberté ! Puis quand un grand peuple l'écoute, quand il se laisse fasciner par ses promesses menteuses, il le pousse à la lutte, à la guerre, et le jour où la victoire couronne ses généreux efforts ; où l'idée de liberté, consacrée par le sang des martyrs est sur le point de porter ses fruits, de triompher, il arrête ce peuple dans son élan, il lui impose la paix avec son ennemi ; il le lie au joug d'un monarque dont il espère faire son vassal, il se fait céder par ce dernier, malgré les protestations des populations, deux provinces pour prix des services rendus ; il impose son despotisme à ses nouveaux peuples, il étouffe leurs aspirations vers la liberté ; il les annexe par la fraude et par la force à son empire du silence : il viole ainsi la souveraineté populaire dont il se dit l'élu, et il menace en même temps la neutralité, l'indépendance et la sécurité de la Confédération suisse, oubliant la reconnaissance qu'il doit à ce petit pays libre, qui lui a accordé asile et protection quand il était proscrit ; qui lui a conféré le titre de citoyen et a risqué pour lui sa liberté et une guerre avec la France, dont le gouvernement exigeait son expulsion.

Ce prétendu restaurateur des nationalités achète à un petit despote, le prince de Monaco, la plus grande partie des populations de ses états, à beaux deniers comptants, à tant par tête, comme pour un troupeau de vil bétail ; sans les consulter, sans tenir compte de leurs vœux.

Sous prétexte d'indépendance nationale, il conduit les nations à une guerre fratricide ; il réveille les rivalités, les inimitiés, les vieilles haines de race entre les peuples qu'il pousse à s'entr'égorger, pour plonger l'Europe dans la ruine, dans le chaos, afin de *pêcher en eau trouble,* et de mettre en pratique sa devise favorite : *Diviser pour régner.*

Il a essayé de séduire la Russie ; il a voulu diviser l'Allemagne, à l'entrevue de Baden-Baden, sans avoir pu réussir ; mais loin de se décourager par cet échec, il tente aujourd'hui de faire soulever la Pologne, la Hongrie, la Bohême, les Principautés danubiennes ; il excite secrètement les Druses au massacre des chrétiens, pour créer des embarras à la Turquie, et avoir un prétexte d'intervenir en Orient et d'y maintenir son occupation ; il anime les Grecs à la fois contre les Turcs et le roi Othon ; il appelle les peuples opprimés des divers Etats aux armes ; il leur fait faire des promesses fallacieuses, par ses nombreux agents, courtiers d'annexions; il leur envoie des armes, des munitions, de l'argent ; il embauche, séduit, enrole leurs chefs populaires, trop crédules et trop confiants ; il leur promet la liberté et l'indépendance de leur pays, et quand l'heure de la résurrection séra sonnée, il leur imposera sa suzeraineté ; il les poussera à des guerres sanglantes et ruineuses ; pour assouvir son ambition, agrandir ses Etats, annihiler ou détruire les puissances qu'il redoute. Et quand il aura, par ces moyens machiavéliques, consolidé, augmenté son influence, il dictera des lois à ses anciens alliés et aux peuples vaincus ; il les réduira en vasselage, jusqu'au jour où sa puissance et sa force devenues formidables, il pourra, sans danger, les incorporer à son empire despotique. — Voilà son but !

Si les peuples abusés suivent son drapeau, si la victoire couronne ses efforts ; une fois l'Allemagne, la Russie et l'Angleterre vaincues ou abaissées, son pouvoir n'aura plus de borne ; l'Europe entière subira son despotisme ; il n'y aura place sur notre continent que pour des peuples courbés, des valets, des courtisans et des esclaves. La Liberté sera pour longtemps chassée de l'Europe ; l'esprit humain sera arrêté dans sa marche et le siècle reculera jusqu'aux plus mauvais jours du despotisme. Ne croyez pas que ces idées soient des chimères, des utopies; si vous voulez vous convaincre de leur réalité et du but vers lequel marche l'empire, lisez ce qu'a dit Napoléon Ier dans son testament, dans *le Mémorial de Ste-Hélène*, qui est l'Evangile, le Koran de Napoléon III, étudiez aussi les écrits de ce dernier : *les Rêveries politiques. —les Considérations politiques et militaires sur la Suisse. —* les *Idées napoléoniennes*, etc... ; rappelez-vous ce qu'il a dit, ce qu'il a fait depuis douze ans ; et vous serez convaincus que Napoléon III n'a qu'un but, comme son oncle : *la domination universelle*, qu'il veut réaliser au moyen de la question des nationalités, en se servant de la Révolution et en invoquant la liberté.

Est-il du devoir des républicains de l'aider dans son œuvre, de lui servir de dupes après avoir été ses victimes ? Doivent-ils laisser les peuples de l'Europe trompés par ses promesses menteuses, devenir ses complices involontaires, courir au despotisme en croyant marcher vers la liberté ?

Non ! — Nous devons toujours et partout, et quoi qu'il arrive, rester fidèles à la grande cause de la Révolution et de la Liberté. — Nous devons dire aux peuples qu'il veut embaucher sous la bannière du bonapartisme, sous le prétexte d'indépendance nationale : « Prenez garde, cet homme qui vous convie à la révolution, au nom de la « Liberté, est le pire des liberticides ; c'est l'empereur du guet-à-« pens, des massacres des boulevards de 1851 ; des exécutions noc-« turnes et des transportations sans jugement. Plus féroce que Sylla, « il a couvert la France de proscriptions, il l'a plongée dans le deuil et « la désolation; il a décrété d'arrestation plus de cent mille républicains; « il en a fait emprisonner, déporter, transporter, fusiller et guilloti-« ner plus de quarante mille ; il règne encore aujourd'hui par la ter-« reur et la loi des suspects, à l'aide de ses proconsuls et de ses pré-« fets ; il s'impose par la fraude, la ruse, la violence et la force.

« C'est le tyran dont les mains sont encore teintes du sang des peu-« ples, des martyrs et des héros de la Liberté ; dont les triomphes « sont des crimes, les apothéoses et les victoires faites de larmes « et de sang. » Et c'est cet homme qui sera maudit de ses contemporains et flétri par la posté-rité, qui ose convier les peuples de l'Europe à la Liberté ! — Dérision amère !...

Qu'on demande à la France quelle est la liberté dont elle jouit, qu'on le demande à Nice et à la Savoie, et on sera persuadé que la liberté n'est pour L.-N. Bonaparte qu'un moyen pour tromper les peuples ; que Napoléon III n'a été, n'est et ne peut être qu'un despote, un tyran ; que ce qu'il prépare à l'Europe ce n'est pas la liberté, mais le despotisme le plus affreux. Qu'après avoir fait son coup d'Etat en France, il veut le faire en Europe. Que 1861 doit être le pendant de 1851.

Que tous les peuples et surtout celui de la France y réfléchissent. Qu'ils se souviennent des effroyables malheurs qui ont accompagné et suivi le premier empire et des immenses désastres qui en ont été la conséquence. Qu'ils n'oublient pas surtout que la même politique, la même cause amèneront fatalement les mêmes résultats; que c'est en vain que l'on dit que l'histoire ne se répète pas.

Le second empire sera, comme le premier, pour l'Europe, une suite de guerres, de malheurs, et pour la France, la cause des plus grandes catastrophes et des plus sanglantes défaites ; il lui ramènera de nouvelles invasions. Et l'Europe et la France épuisées, après ces luttes ruineuses et stériles, seront de nouveau plongées dans la servitude et dans l'esclavage.

Voilà quels seront les résultats de la politique napoléonienne du second comme du premier empire.

Aussi, Citoyens, comme je l'ai dit en commençant, il est de notre devoir de combattre à outrance les projets et les plans du bonapartisme ; notre tâche est la même aujourd'hui qu'en 1851 ; car le danger et l'ennemi sont les mêmes ; c'est toujours l'idée *napoléonienne*, le despotisme impérial que nous avons à combattre. C'est en vain que L.-N. Bonaparte écrit aujourd'hui sur son drapeau : Liberté et nationalité, comme il y a dix ans il écrivait : *Souveraineté du peuple et suffrage universel*. Nous savons ce que valent les promesses d'un parjure et le drapeau d'un traître. Partout où nous le rencontrerons, sur les Alpes, le Jura, le Rhône ou le Rhin, nous saurons que c'est l'étendard du despotisme ; que notre devoir est de le combattre partout et toujours.

Nous devons rester fidèles à notre programme ; aux grands principes de liberté, d'égalité et de fraternité, entre tous les hommes et entre tous les peuples, qui seuls peuvent faire le bonheur de l'humanité. Soldats de la Révolution et de la Liberté, nous ne nous laisserons ni séduire, ni tromper par un despote qui nous vole notre drapeau et invoque nos principes pour subjuguer l'Europe, et perpétuer son pouvoir ; nous ne nous laisserons pas prendre au piége, nous repousserons, comme toujours, les avances de la tyrannie, nous resterons *ses implacables, ses éternels ennemis*, et nous continuerons de combattre pour *la liberté des peuples par la République universelle, démocratique et sociale*.

Citoyens, avant de descendre de cette tribune il me reste encore un vœu à formuler, une reconnaissance à exprimer, un devoir à accomplir.

Au milieu de tous les peuples de l'Europe, pour l'indépendance et la liberté desquels nous faisons aujourd'hui des souhaits ardents ; il en est un surtout qui a particulièrement droit à nos sympathies et à notre amour, c'est le peuple républicain de la Suisse ; car aux jours de malheur et de proscription, comme nos pères, nous avons rencontré chez lui asile et protection ; quand les despotes nous poursuivaient, les mains libres et fraternelles de ses citoyens s'ouvraient pour nous et pressaient les nôtres : nous avons pu continuer chez ce peuple hospitalier, à respirer l'air pur de la liberté, abrité par son drapeau républicain et ses institutions démocratiquès ; et retrouver une nouvelle patrie, la patrie du travail et de la liberté ! Nous avons pu retremper nos âmes et fortifier nos courages à la vue de la prospérité et du bonheur dont jouissent, au milieu des Alpes, entre le Rhône et le Rhin, les vingt-deux petites républiques démocratiques, libres et souveraines de la Suisse.

A ce grand spectacle, à ce noble exemple, nos cœurs se sont dilatés ; nous avons compris tout ce qu'il y a d'attraction, de vitalité, de force et d'avenir dans la sainte cause de la Liberté que nous servons.

Et loin de nous décourager d'avoir été vaincus par la trahison et par la force, nous nous sommes au contraire fortifiés dans notre foi, et avec plus d'ardeur que jamais nous avons repris notre tâche, et poursuivi notre œuvre de régénération sociale. C'est à la Suisse, à sa liberté, à son asile que nous devons d'avoir pu le faire.

La patrie de Guillaume Tell, de Jean-Jacques Rousseau, de Marat et de Galer a aussi été pour beaucoup d'entre nous une école républicaine, une initiatrice puissante : elle nous a enseigné, par son exemple et ses institutions, qu'il n'y avait de liberté possible, pour un peuple, qu'avec la décentralisation; le libre examen ; l'absence de l'influence catholique et cléricale ; l'instruction gratuite et obligatoire; l'abolition de l'armée permanente, faisant tous les citoyens soldats et tous les soldats citoyens ; la souveraineté du peuple permanente, inaliénable et imprescriptible. Nous nous sommes habitués en Suisse, à ne plus rencontrer ni prêtres, ni soldats, et à considérer le clergé et l'armée comme les deux plus grands fléaux de notre époque. Nous avons vu dans son drapeau rouge, le drapeau symbolique de nos rêves et de nos espérances, entrevu par nous dans les éclairs de 1848. Et dans sa confédération de vingt-deux petites Républiques démocratiques et libérales, une image, un modèle en miniature, de la grande Confédération républicaine universelle qui doit unir les peuples dans l'avenir. Aussi nous nous sommes attachés à elle de tous les liens de la reconnaissance et de l'amour, nous avons juré de l'aimer comme nous aimons la Liberté et la République, et si jamais le despotisme, quel qu'il soit, bonapartiste, autrichien ou russe, de quelque masque qu'il se couvre, de quel côté qu'il vienne, ose attaquer la Suisse, la dernière République du continent, le seul foyer de liberté en Europe, nous jurons tous ici, de verser notre sang, de sacrifier notre vie, s'il le faut, pour la défense de son sol sacré et de ses libertés!

Citoyens, je porte un toast à la Confédération suisse, ce symbole de la République universelle!

Le citoyen MAURIN, de Lyon, a porté un toast à l'alliance des peuples.

Citoyens,

Au peuple ! dont l'intelligence est aussi grande que ses bras sont actifs et féconds, au peuple qui fertilise les campagnes, endigue les rivières et les fleuves, dessèche les marais, construit les villes, subvient aux besoins de tous et fournit même aux caprices de quelques-uns... Que lui revient-il en échange de tant de labeur et de tant d'efforts? La misère, l'ignorance et le mépris.

Le sort du prolétaire est le même partout : à Paris comme à Vienne, à Madrid comme à St-Pétersbourg, à Berlin comme à Rome, toujours la servitude de la misère, et la honte de l'esclavage... Unissons-nous, Citoyens, pour briser ce joug odieux de la tyrannie des têtes couronnées ou tonsurées, de tous ces imposteurs qui agissent de concert pour opprimer et dépouiller les peuples, qu'ils regardent comme de vils troupeaux et comme leur patrimoine.

Veulent-ils agrandir leurs Etats ou étendre leur prépondérance? vite ils lancent leurs armées, leur font porter le fer et le feu dans de fertiles contrées, détruire les villes, ravager les campagnes et livrer des batailles que l'on décore pompeusement du nom de combats du champ d'honneur ! A ces tueries humaines, que gagne le peuple, je vous le demande, Citoyens? La peste, la famine, la perte de ses enfants, en un mot tous les malheurs. Oui, les guerres sont la ruine des nations ! Vainqueurs et vaincus, voilà votre lot.

Permettez-moi, Citoyens, de reporter vos souvenirs au commencement de ce siècle et de les arrêter sur les événements dont nous sommes menacés aujourd'hui encore. La grande Révolution française, en proclamant la Liberté des peuples, avait déclaré la guerre aux rois, et cette guerre alors fut libératrice. Mais en 1800, un homme du nom de Bonaparte fit le 18 brumaire, ravit à la France ses libertés conquises au prix du sang de ses plus nobles enfants, rétablit le trône et l'autel, créa des princes, des comtes, des marquis, des barons, des nobles au grand nom, mais au cœur bas. Et pourtant un million d'hommes avaient péri pour abolir ces distinctions ridicules autant qu'odieuses. — Au peuple, le despote donna des prêtres, pour crétiniser les enfants et les nouvelles générations, les façonner au joug de l'obéissance passive, et les replonger dans l'ignorance et l'abrutissement. Il établit en même temps la conscription, impôt du sang que la génération d'alors paya largement; il organisa une armée pour imposer sa volonté au dedans comme au dehors. — Machine monstrueuse, où la consigne inflexible du caporal oblige le soldat, sous peine de mort, à fusiller comme des ennemis, père, mère, frères, concitoyens, en un mot, à devenir leur bourreau... Voilà les bienfaits que reçut le peuple français pour avoir abandonné ses destinées à ce tyran couronné.

Bonaparte porta, mais dans ses propres intérêts et dans ceux de sa famille, le fléau de la guerre dans toute l'Europe; il mit sur le trône d'Espagne, son frère Joseph, sur celui de Naples son beau-frère Murat, en Hollande son frère Louis et en Westphalie son frère Jérôme. Lui, il prit les titres d'empereur des Français, de roi d'Italie, de médiateur de la Confédération suisse, de protecteur de la Confédération germanique, etc. Aux beaux jours de la Liberté succédèrent des jours de deuil pour les peuples, jours néfastes que l'on cite sous les noms glorieux de Marengo, d'Austerlitz, d'Iéna, de Friedland, de Wagram, de la Moskowa, pour aboutir à Waterloo. Cinq millions d'hommes sont restés dans ces charniers humains. Et pour dernière conséquence, deux fois les sabots des chevaux des Cosaques ont foulé le sol sacré de la patrie; la France a été réduite à ses anciennes limites et condamnée à payer, comme indemnité, deux milliards aux alliés qui ramenaient après eux les Bourbons chassés par la Révolution. Alors eut lieu la Sainte-Alliance des rois contre les peuples. Les despotes victorieux les plongèrent de nouveau dans les fers. Telle fut la reconnaissance des tyrans pour tous les sacrifices que ceux qu'ils appelaient leurs sujets, s'étaient imposés pendant cette guerre de quinze ans.

Aujourd'hui que l'on voudrait recommencer l'épopée sanglante du premier empire, au profit de cette dynastie napoléonienne, pourquoi le neveu n'aurait-il pas l'ambition de l'oncle?

Peuples, comprenez vos intérêts : l'union, la solidarité feront votre force. Déjà cette idée germe dans bien des esprits. Lors de la victoire populaire de Février, dont nous célébrons aujourd'hui l'anniversaire, quand le canon des Invalides annonça au monde que la France était libre, tous les despotes de l'Europe tremblèrent sur leurs trônes, et les peuples répondirent à l'appel de leurs frères de Paris en brisant leurs fers. Le sang du peuple a coulé à Berlin, à Varsovie, à Pesth, à Brescia, à Vienne, à Rome, à Madrid, pour la Liberté; mais le sang des martyrs n'aura pas coulé en vain, car la cause des peuples est de toute vérité et d'éternelle justice.

C'est en toi, peuple, que la vie se manifeste ; c'est par toi que le progrès se réalise, malgré les moyens iniques qu'emploient les hommes du passé pour retenir la révolution dans le maillot féodal des vieilles institutions sociales. — A toi l'avenir basé sur la Liberté, l'Egalité et la Fraternité! sainte et noble devise qui doit régénérer le monde en donnant à tous les hommes une patrie et une famille, et à chaque peuple la garantie de ses droits, de sa liberté et de son indépendance. Ce n'est point là une utopie, non? c'est une vérité. Pour nous en convaincre, jetons un coup d'œil rapide sur le progrès que l'industrie, la science et les arts ont fait depuis la Révolution française. Travailleurs en qui s'identifie la vie, tes champs de bataille, à toi, sont sublimes, ce sont ceux de l'intelligence et du labeur. C'est là que l'esprit humain se nourrit des idées de perfection et d'amélioration. — Et n'est-ce pas une des conquêtes de notre époque que ces expositions universelles, où l'on vient, de toutes les contrées du monde, admirer les merveilles que le travailleur enfante chaque jour? Et c'est par l'échange de leurs produits que les hommes de tous les pays se comprennent, malgré la diversité de langage. — Leurs titres de noblesse, à eux, c'est d'être utiles à l'humanité?

Voilà ton mérite, ô peuple ! Voici maintenant celui de tes oppresseurs. Leurs expositions à eux, ce sont les gibets, les échafauds, les auto-da-fé, les tortures de toutes sortes : bagnes, cachots, déportations, enfin la mort que précède une lente agonie. — Vois, ô peuple, et juge de quel côté est la justice?

Travailleurs, aimons-nous en frères ; considérons désormais les guerres de peuple à peuple comme des combats fratricides ; soyons sincères dans nos relations d'homme à homme, sans distinction de nationalité.

> Les peuples sont pour nous des frères,
> Et les tyrans des ennemis.

a dit le poète.

A l'alliance des peuples ! à l'extermination des tyrans !

Le citoyen SEGUIN, parisien, s'est ensuite exprimé en ces termes :

Citoyens,

Nous sommes ici parce que, depuis 70 ans, il est monté au ciel de la France un dogme nouveau, le dogme de la *Fraternité humaine*, qui fait des douleurs d'un seul la douleur de tous ; des douleurs d'une nation la douleur de toutes les nations ; dogme inauguré dans le sang de nos pères. Détourné de son but sacré par un despote, et qui ne pouvait être bien compris qu'après une suite de luttes et trois révolutions impuissantes.

Aujourd'hui, des nationalités diverses, jadis hostiles, entretenues par leurs maîtres dans d'implacables haines viennent, dans cette réunion déposer leurs séculaires rancunes et se serrer fraternellement la main. Oui, c'est là un grand et beau spectacle ; il me semble déjà entendre le génie des révolutions promulguer ses décrets immuables de sa voix prophétique, et dire au vieux monde, au monde de l'obscurantisme, de l'exploitation et de la violence : Les temps sont venus ; fais place au monde de la lumière, de la justice et de l'égalité ; fais place au monde nouveau.

En effet, les temps sont proches, car les peuples enfin éclairés sur les crimes de leurs tyrans, sont prêts à recommencer une lutte suprême, autrement ? pourquoi cette foule ? pourquoi cette phalange de républicains de tous les pays ? pourquoi tous ces défenseurs du droit ? pourquoi ces étendards confondus ? si ce n'est pour de nouveaux combats contre la tyrannie ?

A quoi bon, frères, discourir entre nous qui, sans exception de théories et de systèmes sommes pénétrés du même esprit, animés de la même idée, l'idée de la révolution ? Agissons comme elle, et frappons sûrement. En présence de ces débris de peuples réunis, comme dans une Josapha, pour une résurrection prochaine, au nom de la solidarité humaine, au nom de la révolution qui s'avance, au nom de la République universelle, prête à se fonder ; jurons, frères entre nous une alliance indissoluble, jurons que contre toutes les tyrannies, nous resterons unis comme nous le sommes aujourd'hui, dans la même volonté et dans la même espérance ; oui, nous le jurons tous !
Vive la République démocratique et sociale !

Le citoyen BESSON a pris la parole pour flétrir les intrigues napoléoniennes, et s'est exprimé dans les termes suivants :

Citoyens,

C'est la deuxième fois, et à la même occasion que j'ai le bonheur de me trouver parmi vous ; je vous prie de m'écouter avec la bienveillance que vous accorderez toujours, j'en suis sûr, à un ouvrier sincère et dévoué à la cause du progrès.
Nous sommes tous d'accord pour combattre la tyrannie et le despo-

tisme qui, malheureusement oppriment encore la plus grande partie de l'Europe, et qui soumettent partout les peuples à la volonté arbitraire et au caprice d'un seul despote qui n'emploie ordinairement d'autres moyens pour règner que l'assassinat et la trahison.

Parmi tous les tyrans qui oppriment et déshonorent l'humanité, le plus honteux de tous, celui qui a causé et causera encore le plus de maux, celui qui fera dans l'avenir repentir les peuples du culte absurde d'un nom est, sans contredit, ce monstre à forme humaine qui a égorgé la République au 2 décembre 1851. Ce parjure liberticide, ce traître couronné, cet empereur providence, qui ressemble plus à Soulouque qu'à César; à Tamerlan qu'à Charlemagne; à Caligula, à Néron, à Augustule, qu'à Auguste et Marc Aurèle; je n'ose pas le nommer ici, son nom souillerait mes lèvres et déshonorerait cette assemblée.

Cet homme abject et vil, qui ne respire que pour trahir et tromper, ce fourbe affreux dont la présence engendre le mal, comme les cadavres en putréfaction, la peste; cet être contagieux qui corromp ou détruit tout ce qu'il approche, quand il était proscrit, avait trouvé un asile en Suisse. Cette vieille mère de la liberté et de l'hospitalité, lui avait généreusement ouvert ses bras, elle l'avait accueilli comme un fils, il se disait alors proscrit et ami de la liberté; elle a réchauffé longtemps ce reptile venimeux sur son sein; elle a risqué sa liberté pour lui, elle a bravé un puissant voisin, elle a failli se faire écraser par une armée ennemie considérable pour le défendre. Oui, la Suisse fière de son bon droit comptant sur son peuple héroïque a refusé d'expulser ce traître, qui était venu s'asseoir à son foyer. Quel souvenir en a-t-il conservé, quelle reconnaissance en a-t-il témoignée depuis qu'il s'est emparé du pouvoir, par la ruse et la trahison?

Il a remercié la Suisse en violant sa neutralité, en s'appropriant la Savoie du nord, au mépris de ses droits et des promesses qu'il lui avait faites.

Quand la ruse ne lui suffit pas pour accomplir ses odieux desseins il emploie la force, la violence, il enlace dans un étroit filet les peuples qui ont confiance en lui, et le moment favorable venu, il les égorge ou les plonge sous le plus affreux despotisme, il attèle au char de sa puissance ses ennemis vaincus; il cherche par tous les moyens à les perdre et à les déshonorer; il ne recule devant aucune infamie, et ceux qu'il ne peut abattre par les menaces et par la torture, ni séduire par ses promesses, il les livre à ses bourreaux. Combien de victimes a-t-il faites par trahison ? Combien d'autres sont mortes en Afrique et à la Guyane, à Lambessa et à Cayenne? Combien d'autres ont expiré dans les tortures et sur les échafauds?

Peut-on compter les transportés, les proscrits ? Le sang de ses victimes sort de terre comme un nuage ; il prend la forme d'un spectre horrible, à un million de bouches qni, toutes à la foi crient vengeance !

Ce mot terrible retentit dans l'univers entier, car tout l'univers pleure des victimes sacrifiées à son orgueil et à son ambition.

Combien y en a-t-il aujourd'hui parmi nous, de ces hommes courageux et dévoués, qui ont tout sacrifié par amour pour l'humanité et qui seraient heureux encore de perdre la vie s'ils pouvaient se dire en mourant : mes frères sont libres.

Les écatombes de Sébastopol, de Magenta et de Solférino sont aussi des monumeuts élevés à la gloire et à l'ambition de cet homme.

Aujourd'hui, il ourdit de nouvelles trames, il médite de nouveaux forfaits, il espère tromper d'autres peuples en faisant briller à leurs yeux les noms prestigieux de patrie et de liberté, il les convie aux armes pour agrandir sa puissance et les courber sous son joug.

Eh bien! unissons-nous tous, pour éclairer les peuples sur ses odieux projets, pour les désabuser, les détromper, les sauver de son despotisme, et leur faire comprendre que seule la *République universelle* peut briser leurs chaînes.

Le citoyen TROUILLET a prononcé quelques paroles énergiques eontre l'exploitation des fonctionnaires et des castes privilégiées, qu'il compare à des animaux nuisibles, à de vils insectes, dévorant le peuple.

Le citoyen MARTIN, menuisier, a ensuite porté un toast aux prolétaires.

Citoyens,

Je porte un toast aux travailleurs, aux prolétaires, aux déshérités; aux hommes qui produisent tout et qui ne jouissent de rien, aux successeurs des esclaves et des serfs, qui sont condamnés aux travaux forcés à perpétuité, par leurs seigneurs et maîtres, les bourgeois, les enrichis, les parvenus, les exploiteurs, les usuriers, véritables frelons qui dévorent le miel que les abeilles ont produit, et qui non contents de vivre des sueurs et du sang des malheureux prolétaires, comme de véritables vampires ; de les entretenir dans l'ignorance et dans la sujétion, les calomnient encore, les traitent de plèbe grossière, de vile multitude, de bas peuple, de canaille. Et qui, lorsque les prolétaires poussés par le désespoir, la misère et la famine, demandent du travail ou du pain, leur répondent avec la baïonnette, le fusil et la mitraille :

« *Le peuple se plaint qu'il n'a pas de pain, disaient les négociants lyonnais, en 1831, eh bien! qu'on lui mette du plomb dans le ventre!* »

Voilà comment les gens, qui se disent honnêtes et modérés, traitaient les ouvriers qui répondaient à ces menaces sauvages par ce cri sublime :

« *Vivre en travaillant ou mourir en combattant!* »

En juin 1848, ils ont fait pire encore : ils ont massacré eux-mêmes les malheureux ouvriers poussés à l'insurrection par la misère dans laquelle allait les plonger la brusque dissolution des ateliers nationaux.

Puis, quand, à l'aide de l'armée et de la garde mobile, ils les eurent vaincus par le nombre et la mitraille, ils fusillèrent lâchement leurs prisonniers; ils entassèrent ceux qui leur échappèrent dans les prisons, et les transportèrent tous sans jugement; ils couronnèrent leur œuvre de cruauté et de destruction par les plus noires, les plus infâmes calomnies, qu'ils répètent encore au bout de douze ans. Ils accusent encore aujourd'hui les malheureux combattants de juin 1848 d'avoir été poussés à la lutte par l'or des étrangers et par les royalistes. Citoyens! je proteste de toutes mes forces contre cette infâme calomnie ; nous avons tous connu en exil et dans la transportation les insurgés de juin 1848, et nous avons tous pu juger de leur amour pour la République et pour la révolution. Un des plus héroïques d'entre eux vient de mourir en combattant avec Garibaldi contre le Bourbon de Naples.

Quel exemple donnent aujourd'hui les représentants de la bourgeoisie au *Corps législatif?* Ces hommes, qui n'ont pas rougi de prêter serment au parjure couronné, après l'avoir mis hors la loi et décrété d'accusation, comme l'a fait M. Jules Favre, osent encore se dire républicains, afin de déshonorer jusqu'au nom de la République. Ils se sont tous faits bonapartistes, et se sont ralliés à la politique de conquête de l'idée napoléonienne ; ils approuvent et soutiennent le gouvernement des assassins de la République. Aussi les renégats E. Ollivier, Durimon et Jules Favre ont-ils justement mérité l'outrage des éloges et des félicitations de MM. Morny, Baroche, Billault, etc... Voilà le rôle honteux que jouent les représentants *de la bourgeoisie !*

Espérons, citoyens, que ces enseignements ne seront pas perdus pour nous, que les mêmes fautes ne seront pas commises, et que la première révolution émancipera le prolétariat et détruira les priviléges de la caste bourgeoise !

Le citoyen CORANTIN a ensuite porté un toast à Piéri :

Citoyens, a-t-il dit, je porte un toast au courageux prolétaire Piéri, que la bave bonapartiste et cléricale a vainement cherché à salir ; à l'homme de sang-froid et de courage, qui, s'il n'eût pas été reconnu et arrêté, nous eût débarrassé du tyran qui souille et déshonore la France depuis 1848 ; à l'homme qui aurait fait justice du parjure et du traître ; au héros, au martyr qui est mort en criant : Vive la République !

Le citoyen ROMANO a prononcé un discours en italien.

Efin, le citoyen BRÉBAND a porté un toast aux Italiens et a déclamé une pièce de vers intitulée :

La mort d'un soldat sur le champ de bataille.

Un grand nombre de citoyens ont ensuite entonné des chants républicains.

Le citoyen COPART a chanté *l'Alliance des Peuples*, dont les paroles et l'esprit étaient en parfaite harmonie avec la solennité ; le refrain

> Peuples, formons une sainte alliance ,
> Et donnons-nous la main !

a été entonné par toute l'assistance, au milieu du plus vif enthousiasme, et accueilli chaque fois par de nombreux applaudissements.

Le citoyen Elie DUCOMMUN est monté une seconde fois à la tribune, pour chanter *l'Hospitalité suisse*, dont il est l'auteur.

Citoyens, a-t-il dit, avant de commencer sa chanson, s'il y a ici quelque mouchard de l'empereur, je le prie de bien vouloir n'en rien

dire à son maître (rires universels, applaudissements prolongés).
Puis, d'une voix sympathique, il a entonné son chant, dont chaque
couplet était accueilli par de nombreuses salves d'applaudissements.
Voici les paroles de cette pièce pleine de verve, de goût et d'entrain :

L'Hospitalité suisse.

Air : *Ces pauvres rois, ils seront tous noyés.*

Napoléon, tu te ris de l'histoire,
De ses arrêts méprisant la valeur;
Et cependant le faîte de la gloire
Touche de près au comble du malheur.
Ne porte pas une main téméraire
Sur cet autel où tu fus abrité :
Il s'ouvrirait aujourd'hui pour la guerre
Comme jadis pour l'hospitalité!

Pauvre exilé, dans notre humble demeure
Quand tu venais partager notre pain,
Nous te disions : Le malheureux qui pleure
A notre seuil jamais ne frappe en vain!
Tu fus reçu comme on reçoit un frère...
Mais aujourd'hui, dans la prospérité,
Tes bras vers nous s'étendent pour la guerre,
Comme jadis pour l'hospitalité.

Lorsqu'autrefois nous prenions ta défense,
Nos bataillons étaient-ils donc plus forts?
N'avions-nous pas à combattre la France?
Et notre sang vaudrait-il moins qu'alors?
Rien n'a changé, si ce n'est ta misère
Et ton amour pour la fraternité!
Car tu ne vis, tyran, que par la guerre,
Comme jadis par l'hospitalité!

Pour assouvir ta rage despotique,
Du Deux-Décembre appelant les élus,
Ton pied maudit sur le sol helvétique
Vient apporter un parjure de plus!
N'as-tu pas fait à la rouge bannière
Serment d'amour et de fidélité?
Traitre, tu veux nous forcer à la guerre
Pour nous payer notre hospitalité!

Prends garde à toi! Du sol que tu menaces
Toujours la gloire a suivi les drapeaux!
De tes pareils si tu cherches les traces,
Morat, Sempach t'ouvriront leurs tombeaux!
Lâche agresseur, si pour toi notre mère
Comptait encor des jours d'adversité,
Nos bras vers toi s'étendraient pour la guerre,
Comme jadis pour l'hospitalité!

Le citoyen Paul HOFFMANN a chanté avec beaucoup d'entrain l'*Hymne aux Montagnards*. — SEGUIN a déclamé avec énergie une pièce de vers de Victor Hugo, *les Soldats du Deux-Décembre*. — RENOULT a chanté *Robert-Blum*. — CHOL a entonné le *Chant du Départ*. — BELOCHE le *Chant des Transportés*. — MENCEL, *la République des Paysans*. — CUSIN, le *Chant des Prolétaires*. — COLIN, jeune charpentier de la Nièvre, la chanson *Oui, nous la reverrons!* — MURE, *Si les morts sortaient de leurs tombeaux!* — DAUMONT a porté un toast à John Brown, et chanté une chanson à l'abolition de l'esclavage. — Un vieillard de la Nièvre, le père BÉRANGER a improvisé un chant en l'honneur de Garibaldi.

Enfin, les chants se sont terminés par l'hymne de *la Marseillaise*, chanté par le citoyen DAUJEAN, coiffé du bonnet phrygien et tenant à la main le drapeau rouge de la République universelle.

Tous les convives, debout et découverts, ont écouté avec recueillement le dernier couplet :

> Amour sacré de la patrie!
> . . . .

et répété en chœur le refrain sublime :

> Aux armes, citoyens! formez vos bataillons!
> Marchons! qu'un sang impur abreuve nos sillons!

Après quelques paroles bien senties, prononcées par le citoyen MORIN, qui avait remplacé dans la direction du banquet le citoyen DOIN, trop fatigué, la séance a été close à neuf heures du soir, aux cris de :

Vive la République universelle, démocratique et sociale !
répétés par tous les assistants avec le plus grand enthousiasme.

Deux de nos amis, les citoyens D. et MORET, nous ont écrit, l'un de Paris et l'autre de Milan, qu'ils étaient avec nous pour fêter de cœur le 24 février ; et le citoyen DUTHION nous a adressé un toast *à la Révolution sociale !*

Le Revendicateur, journal républicain socialiste qui vient d'être fondé à New-York (28, Wooster-Street) par les souscriptions de nombreux prolétaires, parmi lesquels les citoyens Pelletier, Tassillier, Bailly, Déjaque, etc., etc., fait un chaleureux appel aux républicains d'Europe, pour lui venir en aide et le soutenir dans sa publication, soit en souscrivant, soit en s'abonnant. *Le Revendicateur* nous apprend, dans son numéro 3 du 9 février 1861, que les républicains socialistes d'Amérique ont célébré l'anniversaire du 24 février 1848, à New-York, en même temps que nous (à une heure après midi). Ainsi, le même jour, à la même heure, les républicains des deux hémisphères, unis dans une pensée commune de liberté et de solidarité, ont, des deux côtés du grand Océan, fait des vœux pour l'avènement de la République, pour la liberté du monde, pour l'affranchissement des esclaves, des serfs et des prolétaires, pour l'abolition de toutes les tyrannies et de tous les despotismes.

Cette grande pensée d'union, qui, mieux que le câble transatlantique, unit les deux mondes dans une aspiration d'amour et de justice, dans une communion de liberté, d'égalité, de fraternité et de solidarité, est un gage certain de la justice, de la grande cause de la Révolution universelle, et une assurance de son triomphe prochain et définitif.

www.ingramcontent.com/pod-product-compliance
Lightning Source LLC
Chambersburg PA
CBHW071425030726
47594CB00006B/2581